WMS-15-029
Solo Alto Saxophone and Piano
MECHA MOTE SERIES

サックスプレイヤーのための新しいソロ楽譜
めちゃモテ・サックス〜アルトサックス〜

クリスマス・イブ Christmas Eve

山下達郎 Tatsuro Yamashita

作曲：山下達郎　Tatsuro Yamashita

編曲：萩原 隆、田中和音　Arr. by Takashi Hagihara, Kazune Tanaka

演奏時間：3分50秒

◆演奏のポイント◆

　日本のクリスマスソングのキングとも言っていい曲かと思いますので、みなさんそれぞれの思い出があるかもしれません。もちろん私も好きな曲で、山下達郎氏の甘い声質と、この曲のロングトーンが絶妙なバランスで曲の個性を作っているように思います。ですので、この曲は特にロングトーンにこだわって演奏すると、この曲らしさが出るような気がします。ヴォーカルには歌詞がありますが、楽器演奏には歌詞がありません。歌をそのまま楽器で演奏すると詩の分の存在感が減ってしまいますね。ただでさえ不利な訳ですから、ロングトーンの音の処理を、自分で思っているよりも長めに残していきましょう。意識しないと、なんとなく早めに音が切れてしまいます。音が短いと存在感もどんどん薄くなり、なんだか物足りない演奏になりやすいので、ここは注意が必要ですね。

パート譜は切り離してお使いください。

クリスマス・イブ
Christmas Eve

Tatsuro Yamashita   Arr. by Takashi Hagihara, Kazune Tanaka

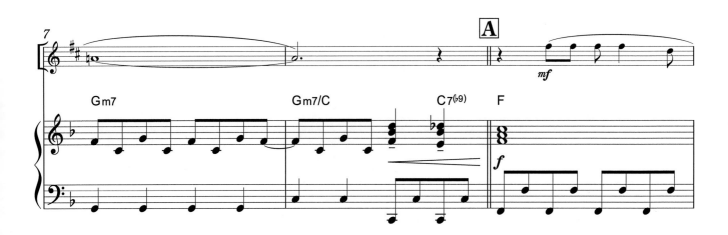

パート譜は切り離してお使いください。

Alto Saxophone

クリスマス・イブ
Christmas Eve

Tatsuro Yamashita　Arr. by Takashi Hagihara, Kazune Tanaka

ご注文について

ウィンズスコアの商品は全国の楽器店、ならびに書店にてお求めになれますが、店頭でのご購入が困難な場合、当社WEBサイト・電話からのご注文で、直接ご購入が可能です。

◎当社WEBサイトでのご注文方法

winds-score.com

上記のURLへアクセスし、オンラインショップにてご注文ください。

◎お電話でのご注文方法

TEL.0120-713-771

営業時間内に電話いただければ、電話にてご注文を承ります。

※この出版物の全部または一部を権利者に無断で複製(コピー)することは、著作権の侵害にあたり、著作権法により罰せられます。

※造本には十分注意しておりますが、万一、落丁・乱丁などの不良品がありましたらお取り替えいたします。また、ご意見・ご感想もホームページより受け付けておりますので、お気軽にお問い合わせください。